La Prostitution chez la Femme

ET

La Traite des Blanches

PAR

VITTORIO LEVI

Conférence faite à la R∴ L∴
Delphes N. 279 or∴ d' Alexandrie d' Egypte
(28 Mai 1912)

IMPRIMERIE CASTIGLIONE

NAPLES

DÉDIÉ

à l'honorable

CLAUDE G. MONTEFIORE Esq.

Président de la :

The Jewish Association for

the protection of Girls and Women

. etc. etc.

Témoignage d'admiration

AVANT-PROPOS

Mes frères,

Je ne saurais vous exprimer, aussi vivement que je le sens, combien je suis touché du témoignage de confiance dont vous venez de m'honorer, en me donnant la mission de faire une conférence dans cette respectable Loge. Je me serais récusé auprès de ceux qui m'ont fait cet honneur, si l'impérieux sentimeut du devoir ne m'engageait à en assumer l'accomplissement.

Je dois des remerciements aux honorables visiteurs qui ont bien voulu répondre à l'invitation de notre respectable Loge. Je leur souhaite la bienvenue fraternelle; et, demande à tous, la permission de leur parler d'une question passionnante, d'une horrible plaie qui ronge la société humaine, jusque dans ses entrailles; et, qui s'étale cyniquement dans toutes les grandes villes, de « la Prostitution chez la Femme » qui est vieille comme l'humanité; et, dont les formes seulement ont varié, ainsi que de « la Traite des Blanches. »

Ayant eu l'heur d'être chargé d'une mission ici, à Alexandrie, pour une œuvre qui a mis au service de la femme toute sa force, tout son zèle, toute son énergie, « the Jewish Association for the Protection of Girls and Women » fondée à Londres, en 1885, j'ai été amené à étudier la prostitution chez la femme. Mais, la question est tellemment compliquée, le sujet est tellement vaste, que le plus patient, le plus doué des enquêteurs, n'aurait pas assez de temps pour produire un travail parfait sur ses observations. Ce sujet est du nombre de ceux qui ne s'épuisent jamais et restent forcément incomplets, quel que soit le nombre des pages qui lui sont consacrées.

Je réclame toute votre indulgence, mes frères, si vous ne trouvez pas en moi un orateur éloquent et abondant, quoi que, pour la circonstance, je n'aie rien négligé pour appuyer cette étude sur des recherches serieuses, m'inspirant aussi des appréciations et des opinions des auteurs compétents dans la matière.

INTRODUCTION.

Définition de la prostitution

Qu' est-ce qu'une prostituée ?

— *Une femme qui, ouvertement, sans distinction de personnes, vend ses faveurs pour de l'argent.*

En d'autres termes: « *est dénommée prostituée, toute femme qui, publiquement, et sans amour, se livre au premier venu, moyennant une rétribution pécuniaire.* »

Par conséquent, celle qui ne cherche pas la notoriété, mais qui reçoit quelques amants en secret, quand même elle en reçoive de l'argent, ne peut être traitée de prostituée.

Il existe donc entre la débauche pure et la prostitution maintes transitions, de nombreuses variantes.

La dénomination de prostituée *ne peut s'appliquer qu' aux filles publiques de profession; et, c'est d'elles que nous allons nous occuper dans cette causerie.*

PREMIÈRE PARTIE

—

De la Prostitution.

CHAPITRE PREMIER

—

ORIGINES DE LA PROSTITUTION.

De nombreux anthropologues prétendent que
les prostituées rappellent, dans la société,
l'ancêtre primitif.

« Ces femmes nous montrent, disent-ils, le
retour atavique des mauvais instincts qui exis-
taient aux débuts de l'humanité. »

D'après eux, ces ancêtres avaient de fort
vilaines mœurs. Ne parvenant à former que
de toutes petites associations, les mâles qui
es composaient avaient tout en commun,
même les femmes.

Les anciens considéraient l'acte sexuel comme naturel; car, pour eux, les parties génitales
n'étaient point encore des organes honteux.

Ils les représentaient au même tître que toute autre partie du corps humain.

Cette prétention ne nous semble pas applicable à toutes les peuplades de l'antiquité.

N'y aurait-il pas lieu d'admettre aussi que la moralité des ancêtres était, si non supérieure, du moins égale à la nôtre, en ce qui concerne le devoir conjugal ?

Nous savons, en effet, qu'ils étaient, pour la plupart, monogames; et, fort jaloux de leurs épouses.

Dans diverses tribus, encore de nos jours, les hommes ne pardonnent jamais l'insulte faite à la pudeur des femmes qui leur appartiennent. C'est un outrage qui se paye cher, le plus souvent par la mort.

Du reste, vous conviendrez que, c'est par la crainte des rivaux qu'on n'a pas permis longtemps à la femme de travailler hors de chez elle, à ne sortir que drapée et le visage couvert, tradition qui s'est perpétuée en Orient.

C'est à cette phase du dévoloppemeut que l'Egypte se trouvait, avant environ cinq mille ans, à l'époque de Thèbes; quand un écrivain contemporain, qui voulait dépeindre la misère navrante des tisseurs, ne trouvait une meilleure comparaison pour s' exprimer que de dire : « Leur sort est pire que celui des femmes ! »

Dans quelques pays vierges, on a trouvé des professionnelles « qui ne sont l'objet d'aucun mépris de la part de leurs compatriotes », racontent les explorateurs. Mieux encore; « chez bien des peuples, disent-ils, le chef de famille livre à l'Européen ses esclaves ou ses captives, parfois même sa femme et ses enfants, pour en tirer profit; et, on regarde cette immoralité comme naturelle aux sauvages ! »

Nous ne voulons pas mettre en doute la bonne foi des explorateurs; mais, qu' il nous soit permis d'objecter que leurs récits — que nous ne pouvons facilement contrôler — sont sujets à caution; ils nous paraissent, sinon mensongers, du moins exagérés.

Pour connaître un peuple, il faut avoir vécu avec lui pendant un certain temps, connaître sa langue, ses us et coutumes, ses mœurs; s'identifier à lui au point de connaître ses impressions, ses passions, ses besoins, ses aspirations. On ne saurait, par une simple exploration et un séjour chez lui d'une dizaine de jours, moins peut-être, acquérir des connaissances assez vastes, assez approfondies, pour rendre un jugement sain et impartial.

Nous ne pouvons donc prendre ces récits pour des vérites; et, nous admettrons plutôt que, c'est par le contact des explorateurs que les idées des indigènes se sont modifiées. Leur immoralité ne serait due qu'à l'assimilation. Les hommes de ces peuples sauvages ont imité les blancs civilisés.

Des Européens n'ont-ils pas été massacrés à la suite de tentatives de viol dans les pays de leurs explorations ? Ne savons-nous pas que, souvent, quand l'Européen survint en conquérant dans ces pays, son influence s'est imposée brutalement ?

C'est l'Européen qui a commencé par mépriser l'indigène, le maltraiter, assouvir sur lui toutes ses passions !

Un autre sentiment a pu être puissant, aussi, pour contrecarrer la morale sexuelle: le devoir de l'hospitalité.

Ces peuples, dans leur mentalité, arrivent à se croire tenus d'offrir à leur hôte, non seulement le gîte et le couvert, mais encore une femme; et, refuser un tel présent, aurait été, d'après eux, une offense faite à sa personne.

Il est incontestable aussi que la prostitution est née de l'esclavage.

Le voyageur Barrow raconte qu'un cafre lui a dit : « La femme est le bœuf de son mari, qui a été acheté et doit par conséquent travailler. »

Ce récit est des plus caractéristiques et dévoile nettement la cause de l'esclavage.

Dans la plupart des pays sauvages, les femmes se vendent avec une extrême facilité, soit pour de l'argent, soit pour tout objet qu'elles désirent.

En général, on a reconnu qu'une des causes de chute chez la femme réside dans son goût effréné de la parure et du plaisir sous toutes ses formes. Elle éprouve le besoin de paraître. Elle juge les choses et les gens d'après sa propre nature qui la porte vers tout ce qui papillotte et qui brille.

CHAPITRE II.

--

Caractère religieux de la prostitution. Influence des prêtres.

En prenant la défense des sauvages, nous ne voulons pas prétendre que leur moralité soit exemplaire; mais la débauche chez eux peut-être excusable parce qu'elle revêt un caractère religieux, de conviction, de franchise et de bonne foi, pour ainsi dire.

Les institutions sociales découlaient des principes religieux rendus officiels par l'opinion publique que savaient susciter et créer les prêtres ou mandataires de la religion.

Couverts de ce manteau, les actes de débauche étaient considérés comme une chose sainte, digne d'éloges; et, les femmes qui s'y livraient jouissaient d'une réputation de « filles de charité ! »

Mais, n'anticipons pas. Rappellons d'abord que, la loi, aux époques primitives, est le reflet de la force. La force physique de l'homme a permis de tenir la femme sous sa dépendance. L'homme s'est emparé de la souveraineté et du droit de faire de la femme ce que bon lui semble; mais aussi, elle, n'étant pas la plus forte fut la plus rusée !

Malgré les lumières dont le xixe siècle s'est fait gloire, la femme n'eut, et n'a pas, encore de nos jours, la place qu'elle mérite dans la société. Pour plusieurs, elle continue à être une créature d'ordre inférieur; et, dans les pays musulmans spécialement, le mépris pour la femme éclate constamment.

Rien ne peut mieux exprimer le jugement qu'on se fait de la femme que ce dicton arabe: « Les femmes ont la chevelure longue et l'intelligence courte. »

Aux époques primitives donc, la femme a été, comme l'esclave, une chose, un objet de propriété privée ou collective. On disposait d'elle comme on dispose d'une marchandise qui passe de main en main.

Pendant de longs siècles, la femme a été; et, dans certaines tribus barbares est encore, un objet de propriété transmissible par actes.

Le mariage était, à l'époque patriarcale, une vente. Le prix était payé au père de la jeune fille qui, par ce marché, transférait tous les droits qu'il avait sur sa fille, au mari. Celui-ci, à son tour, pouvait aussi vendre sa femme telle une marchandise.

Certains actes considérés, de nos jours, comme immoraux, étaient pratiqués par nos ancêtres pour être agréables à certaines divinités; et, l'acte sexuel se pratiquait en l'honneur du dieu de la génération, de la fécondité. Or, il est notoire, que la puissance du sentiment religieux arrive à effacer les idées morales les mieux établies et transforme l'homme en une brute.

Comme les prémices de toutes choses étaient consacrées [aux divinités, les jeunes mariés venaient faire au dieu le sacrifice de leur virginité.

Dans beaucoup de pagodes, les prêtres s'étaient emparés de cette fonction au profit de leurs sens.

Oui, les premiers qu' imaginèrent de tirer profit de la fornication furent justement les prêtres.

D'après l'historien Dulaure, les prêtres se promenaient, dans le pays de Canara, agitant des sonnettes pour appeler les femmes désireuses de leur embrasser pieusement les parties génitales !

Plus tard, ils attachaient des femmes aux temples et les exploitaient pour les besoins de l'autel, ou pour mieux dire, à leur profit !

Dans le sanctuaire de la débauche, les femmes nues se tenaient debout, rangées à la file, n'ayant pour tout vêtement que de longs voiles transparents où l'œil ne rencontrait pas d'obstacles. D'autres faisaient la porte pour attirer les hommes.

Ces femmes provenaient souvent des esclaves que les gens pieux achetaient; et, le propriétaire d'une femme esclave pouvait assouvir ses passions sur elle.

Ces temples de débauche étaient nombreux et se faisaient concurrence. Les prêtres n'avaient d'autre occupation que celle de s' approprier des filles séduisantes; et, de leur apprendre, dès l'âge le plus tendre, l'art de la volupté.

De la pratique religieuse, la débauche devint un sujet de commerce, donnant ainsi naissance au proxénétisme.

CHAPITRE III.

—

Temples d'amour.

On trouve encore aux Indes des courtisanes sacrées qui rappellent celles de l'antiquité.

Elevées dans les pagodes, ou temples, elles sont divisées en plusieurs classes, chacune correspondant à une caste, ne pouvant se mêler même dans la prostitution.

Ces jeunes « devadassi » sont connues sous le nom général de « bayadères »; et, forment l'aristocratie de la prostitution.

Quelque puissant que soit l' appât du gain une vendeuse d'amour indoue, de religion brahmane, ne se livrera pas à un Européen. Un tel acte serait un crime abominable, puni d'un châtiment plus redouté que la mort: la coupable serait décastée ! peine qui rappelle l'excommunication. Tout le monde fuit la malheureuse, personne ne veut lui parler, pas même lui vendre des aliments. Elle n' a plus qu' à rompre avec la vie, se suicider, à moins qu'elle ne dispose d'une somme d'argent assez forte pour fléchir la colère des prêtres !

Aussi, dans les villes fréquentées par les Européens, il existe deux quartiers distincts : dans l'un, sont groupées les maisons publiques pour les indigènes; dans l'autre, celles pour les étrangers. Ce dernier est desservi par les filles européennes ou non sectatrices de Brahma.

Cette division ne provient pas d'une haine de race; mais seulement du préjugé religieux.

La même séparation se retrouve en Chine et au Japon; mais, ici la religion n'en est pas la cause; car, il n'y existe pas de castes; elle provient du goût des indigènes qui ne veulent pas prendre contact avec les blancs.

Dans les villes maritimes, les maisons publiques sont généralement des bateaux qui ont reçu le nom poétique de: « bateaux de fleurs. »

Dans les maisons de dernière classe, on lit de même quelques inscriptions figurées, tels que: « temple de félicité éternelle, du bonheur suprême, jardin de fleurs parfumées, » etc.

Les proxénètes se procurent le personnel en achetant les jeunes filles à leurs parents, profitant pour cela des famines si fréquentes dans ces pays. Parfois, ce sont les jeunes filles, elles-mêmes, qui se vendent pour nourrir leurs parents; acte aussi sublime que celui d'une mère qui se prostitue pour nourrir ses enfants !

Les ventes ont lieu par contrats qui ne sont pas reconnus, il est vrai, par les autorités; mais auxquels l'opinion publique n'assure pas moins une valeur effective.

Hérodote, le plus véridique et le plus impartial des historiens, parle de la prostitution dans l'antiquité et des temples d'amour:

« On a récemment imaginé, dit-il, un moyen de préserver les femmes des mauvais traitements et d'empêcher qu'on ne les emmène dans une autre cité. Comme depuis la prise de Babylone, ils sont tombés dans la misère, tous les gens du peuple, qui n'ont pas de quoi vivre, prostituent leurs filles.

« Ils ont encore une coutume, la seconde
en sagesse, après la précédente...

« La plus honteuse des lois de Babylone
est celle-ci: toute femme indigène est obligée
de s'asseoir, une fois en sa vie, dans le temple
de Vénus, et de se livrer à un étranger. Plusieurs qui, fières de leurs richesses, dédai-
gnent de se mêler aux autres femmes, se
rendent au temple en char couvert, escortées
d'une multitude de servantes. La plupart
agissent comme suit :

« Elles s'asseyent dans l'enclos sacré, la tête
ceinte d'une corde, elles sont là en grand nombre; les unes entrent, les autres sortent. Elles
laissent entre elles, de tous côtés, des chemins
alignés que les étrangers parcourent, après
quoi ils choisissent. Dès qu'une femme s'y est
assise, elle ne retourne plus à sa maison avant
qu'un étranger ait jeté sur ses genoux une
pièce de monnaie et se soit uni avec elle hors
du temple. En jetant cette pièce d'argent, il
doit dire: « j'invoque pour toi la déesse mylitte »
C'est le nom que les Assyriens donnent à
Vénus.

« Quelque médiocre que soit leur présent, la femme ne doit pas le refuser; ce n'est point permis; car, cet argent est sacré. Elle suit le premier qui le lui jette; elle ne dédaigne personne.

« Lorsqu'elle s'est livrée, elle a satisfait à la loi, à la déesse. Elle retourne en sa maison, et par la suite, quelque somme considérable que tu lui offres, tu ne la décidérais pas.

« Celles qui sont belles, grandes et bien faites, ne tardent pas à s'en aller. Les contrefaites attendent longtemps, faute de pouvoir accomplir la loi. On en a vu y rester jusqu'à trois ou quatre ans ! »

CHAPITRE IV.

—

FÊTES DE DÉBAUCHE — RÔLE DES PRÊTRES.

L'acte brutal ne suffisant pas, on a voulu l'exalter et l'annoblir par l'excitation préalable des autres sens. On a recherché dans les arts un complément à la volupté.

La danse a servi d'invitation à l'amour; et, le chant à l'exciter.

Choisies parmi les plus belles et les plus séduisantes du pays, les filles apprenaient des danses et des chants; et, dans les festins, mêlaient l'ivresse à la débauche.

L'Egypte eut ses « almées »; la Lydie ses « musiciennes »; et, la Grèce ses « aulétrides »·

En Egypte se célébrait la fête d'Iris: la terre, la nature femelle, fécondée par Osiris, le soleil, le principe mâle.

Au dire d'Hérodote, sept cent mille pélerins se livraient à d'incroyables excès, à Bubaste, où l'on se rendait, en bateau, par le Nil. Les femmes pratiquaient des danses voluptueuses, relevant indécemment leurs robes.

Cette fête se célébrait à l'équinoxe du printemps; et, était une source de revenus considérables pour les prêtres.

En Syrie, aux fêtes de l'Astarte Phénicienne, hommes et femmes se travestissaient et pratiquaient mille formes de débauche, au son de la musique et des tambours, en présence des prêtres qui dirigeaient la cérémonie.

Chez les Grecs, les fêtes en l' honneur d'Adonis et de Bacchus autorisaient des orgies sans nom.

Chez les Romains, il y avait les fêtes de Flore: Pour honorer la déesse, les courtisanes s'exhibaient nues dans le cirque, couraient, dansaient, luttaient; et, enfin, se livraient publiquement aux hommes.

Les temples consacrés à Vénus étaient très nombreux à Rome.

Les courtisanes y allaient faire des sacrifices; mais, elles refusaient de se livrer à la prostitution sacrée. Tout au plus consentaient-elles, dans certains cas, pour mieux obtenir la protection de Vénus, à se livrer à ses prêtres. Ces temples servaient de rendez-vous pour les amants et de bourse pour les marchands d'amour.

Le mois d'avril était consacré á la déesse de la beauté.

C'était l'époque des fêtes de nuit, des danses, des soupers et des orgies érotiques, dans lesquels se confondaient les jeunes gens, les courtisanes et les femmes mariées.

A l'époque des Bacchanales, hommes et femmes masqués, se rendaient dans une forêt où tous rivalisaient d'innomables débauches jusqu'au lever du soleil.

Aucune idée malsaine ne s'attachait à cette pratique !

Ainsi compris et pratiqué, ce culte n'avait rien d'obscène. La suggestion de ces idées est à tel point restée dans le cerveau de certaines femmes italiennes, que les paysannes de la Pouille donnent encore, au membre viril le nom de: *il membro santo!*

CHAPITRE V.

—

Utilité de la prostitution.

Les auteurs anciens étaient unanimes à conseiller le commerce des filles publiques.

Un homme connu sortait un jour d'un lieu de débauche.

— « Courage, lui dit Caton, célèbre par l'austérité de ses principes; c'est là que doivent aller les jeunes gens, afin de ne pas poursuivre les femmes d'autrui. »

Les Pères de l'Eglise avaient la même opinion.

— « Retranchez les femmes publiques du sein de la société, disait Saint-Thomas, l'apologiste, la débauche la troublera par des désordres de tous genres. Les prostituées sont dans une cité ce qu'est un cloaque dans un palais. Supprimez le cloaque, le palais deviendra un lieu malpropre et infect. »

Cette argumentation se retrouve sous la plume de plusieurs vénéréologues:

— « Il faut reconnaître, dit le Dr Neisser, que l'existence d'une prostitution professionnelle contribue à préserver les autres femmes et les jeunes filles des tentatives de séduction de la part des hommes. »

Certains vont même jusqu'à voir dans la prostitution une « institution bienfaisante. »

Ainsi, Lecky écrit :

— « La prostituée, type suprême du vice, est, en même temps, la gardienne la plus efficace de la vertu. Sans elle, la pureté inattaquée d'innombrables foyers domestiques serait souillée. »

Lombroso voit dans la prostitution « une soupape de sûreté » pour la morale publique.

La prostitution n'est pas immorale, dit-on, parce qu'elle est nécessaire, utile; mais, en fait, si elle devenait minime dans une société, pour ne pas dire disparaissait, les hommes ne prendraient-ils pas plus de retenue? et, admettant cette utilité, l'on ne peut que convenir qu'elle est bien minime en comparaison des désastres qu'occasionne la fille publique, notamment en propageant les maladies vénériennes !

Les rapports extra-conjugaux jouent le rôle capital dans la propagation d'une maladie qui n'est pas ordinaire, la *syphilis,* un des fléaux de l'humanité.

Longtemps, l'opinion publique admettait que la syphilis n'avait fait son apparition en Europe qu'au xve siècle. Le danger de la propagation par la prostituée n'existait donc pas pour les civilisations grecque et romaine, ni pour l'Europe d'avant la découverte de l'Amérique. Alors, la prostitution pouvait être défendue par l'argument de Saint-Thomas, l'apologiste.

Mais, il a été démontré qu'avant le retour de Christoph Colomb, il y a eu en France, en Espagne, en Allemagne et en Angleterre, des épidémies très violentes de syphilis qui ont causé beaucoup de ravages dans toutes les localités où elle avait fait son apparition. (*)

(*) Dr I. J. Levi — Maladies sociales. Alexandrie 1912.

C'est la prostitution qui est le grand véhicule de ce mal qui, non seulement ruine, souvent pour toujours, la santé de celui qui en est affecté; mais se transmet de père en fils et compromet ainsi les générations futures.

On fait tout dans la lutte contre la tuberculose, des recommandations ne manquent pas pour préserver la société de cette maladie; c'est très louable; mais, on ne s'émeut pas assez de la propagation de la syphilis qui mérite cependant l'attention particulière parce qu'elle constitue aussi un grave danger public.

CHAPITRE VI.

SOLON ET LES MAISONS DE TOLÉRANCE.

Les premières maisons publiques auraient été fondées à Athènes. C'est Solon, le grand législateur, qui ouvrit ces maisons appelées alors « *dictérions* » dont le patron était un fonctionnaire dit: « *pornotropos* » ou « *pornoboscos* ».

Ce fonctionnaire était chargé de la comptabilité des établissements vis-à-vis le trésor public et de fixer la taxe que les pensionnaires pouvaient réclamer de leurs clients.

Le pouvoir civil se sépara de l'autorité religieuse. La municipalité exploita la débauche au profit de la cité, comme le faisaient les prêtres

Ces maisons étaient situées près du port (Pirée) et s'adressaient principalement à la clientèle des marins. Instituées sur le modèle de celles annexées aux temples, elles devinrent des lieux d'asile inviolables. Le citoyen s'y trouvait sous la protection de la cité. Personne n'avait le droit d'y entrer pour commettre des actes de violence. Un père même ne pouvait y réclamer ses fils; le créancier y poursuivre son débiteur; la femme y constater l'adultère.

Cette initiative de Solon fut aux yeux de ses concitoyens un de ses meilleurs titres à leur reconnaissance.

Les écrivains grecs se répandent en éloges sur l'heureuse création de ces établissements qui enrichissaient l'État, sauvegardaient l'honneur des femmes et la pudeur des filles grecques; et, détournaient la jeunesse des vices contre nature.

— « O Solon ! s'écrie le poète Philémon, tu es devenu le bienfaiteur de la nation. Dans un tel établissement tu n'as vu que la santé et la tranquillité du peuple.

« En plaçant dans certaines maisons, desti-
nées à cet usage, les femmes que tu as achetées
pour le besoin public, et qui, par leur condition,
sont obligées d'accorder leur faveur à ceux
qui les payent, tu as prévenu des maux graves
et des désordres inévitables. »

Mais, ces établissements faisaient l'objet d'un
service municipal compliqué: il fallait acheter
des esclaves, entretenir les maisons et le mo-
bilier; percevoir les bénéfices. D'autre part,
les besoins de la prostitution mâle augmen-
taient. Aussi, le gouvernement permit-il l'ouverture de maisons libres, concurrentes, qu'on
appelait « *Kapaileïa*. » Il fallait pour cela
obtenir seulement une autorisation; et, surtout,
payer.

Chaque année, les édiles mettaient aux en-
chères le fermage des *dictérions* privés; et,
ces établissements se multipliaient dans toutes
les parties de la ville.

CHAPITRE VII.

—

LA PROSTITUTION CHEZ LES GRECS ET LES ROMAINS.

L'initiative d'Athènes fut promptement co-piée par les autres cités et les autres Etats. Athènes était trop voisine de Rome pour que les usages de cette ville n'eussent pas forte-ment impressionné les constitutions sociales de cette dernière cité. C'est ce qui se produisit.

Il n'est ville antique, quelque peu importante, qui n'ait eu ses « dictérions. » L' Etat avait son bénéfice; il imposait ces maisons et les ventes des femmes.

Pour empêcher la fraude, une police des mœurs fonctionnait; et, les réglements dont

elle surveillait l'application sont presque con-
formes à ceux de nos jours.

Il y avait une traite des femmes; et, comme
l'esclavage existait, cette traite se faisait publiquement.

Le tenancier achetait des esclaves; c'étaient
des captives de guerre, des filles vendues par
des pirates, abandonnées, parfois volées; d'autres fois vendues par leurs parents. Le proxénète pouvait se procurer ainsi des vierges;
elles étaient pour lui d'un bon profit.

Il annonçait aux libertins l'objet rare qu'il
pouvait leur offrir, en entourant le frontispice
de sa maison de branches de laurier. Parfois,
il obligeait sa victime à sortir couronnée de
lauriers, suivant la coutume des nouveaux
mariés.

Les auteurs anciens nous font un tableau
touchant des scènes déchirantes qui se pro-
duisaient à cette occasion.

— « Aie pitié de ma virginité, implorait la
malheureuse fille, se prosternant aux pieds
du tenancier, ne prostitue pas mon corps, ne
me déshonore pas par un écriteau honteux. »

Mais, le proxénète impassible, froidement, se délectant à ces angoisses, appelle le fermier des filles et lui dit :

— « Qu'une servante vienne la parer et qu'on mette sur l'écriteau: « Celui qui la déflorera donnera une livre d'argent; ensuite, elle sera livrée à tout venant, moyennant une pièce d'or. »

De telles mœurs nous révoltent; elles sont, en effet, écœurantes. Et, ne pensez pas qu'elles soient purement imaginaires et que les proxénètes ne connaissent pas de telles exécrations! De nos jours, la conduite des tenanciers, des trafiquants de la traite des blanches, est-elle moins révoltante, moins écœurante ?

Actuellement, les proxénètes, ces spoliateurs sans vergogne de ce trésor de la femme: l'honneur, font la traite des blanches; ils captent leurs victimes par des promesses mensongères, les expédient en pays lointains, les vendent aux maisons closes; là, on abuse de leur crédulité, de leur faiblesse !

Les débats scandaleux qui ont eu lieu ont révélé que, souvent, parmi ces victimes, se trouvaient des vierges !

Autrefois aussi, comme de nos jours, la maison publique avait à subir la concurrence des filles isolées. On trouvait ces dernières dans les cabarets, les tavernes; et, aussi, dans les bains où les deux sexes étaient confondus.

Alors aussi, comme aujourd'hui, ces filles racolaient le client de mille manières; les unes se promenaient, d'autres faisaient des appels de la fenêtre ou attendaient assises qu'on les demandât.

C'est l'histoire qui se continue.

CHAPITRE VIII.

—

CAUSES DE LA PROSTITUTION.

Après tout cet exposé, il est temps de nous demander :

— Pourquoi la femme se prostitue-t-elle ?

Se vendre pour de l'argent ! cette pensée seule fait horreur à la femme honnête. La prostituée est à ses yeux la honte de son sexe et doit être répudiée sans merci !

Un pareil sentiment serait un puissant rempart pour mettre un frein à la propagation de la prostitution, pour sauver plus d'une femme de la perdition. Mais, il est, malheureuseme nt, dans la vie, des circonstances qui amènent les

personnes les mieux intentionnées, les plus
vertueuses, à s'écarter du bon chemin, dans
l'intention d'y revenir; mais qui, entraînées
par la première faute, finissent par s'engouffrer
dans l'abîme ! Et puis, le paupérisme, ce terrible fléau, cause de tant de maux ! la faim,
terrible démoralisateur pour les individus,
mauvaise conseillère, est pour beaucoup dans
la propagation du mal.

Les grandes villes ont le fâcheux privilège
d'attirer à elles les jeunes filles qu'y viennent
chercher de l'ouvrage et y vivre plus facilement.
Les emplois manquent; et, la misère en fait
des prostituées !

Un chef de police anglais: M. Bolton a établi,
qu'en 1865, au temps de la crise de coton,
où les ouvrières n'avaient pas à travailler, le
nombre des prostituées a augmenté dans un
an autant que dans les vingt-cinq années
précédentes.

Naissance tarée, mauvaise éducation, conta-
gion par l'exemple aussi, toutes ces causes suf-
fisent à expliquer bien des chutes.

Dans les familles, même les moins aisées, on élève la plupart des jeunes filles comme si le mariage devait être leur sort unique. Tombées dans le besoin elles ne peuvent se procurer les moyens d'existence puisqu' elles n' ont rien étudié !

La fille de l'ouvrier est vouée au fléau par sa débilité physique, sa faiblesse mentale; car, elle naît tarée. Admettant qu'elle soit née saine, elle a, devant ses yeux, l'exemple de l' insolence des filles accompagnées de leurs galants; et, elle n'a même pas l'idée de la valeur de sa virginité. Elle considère comme naturel de se livrer au premier venu; et, l'on dirait que, dans la pratique, la chasteté cesse d'être une des plus grandes vertus de la femme !

Une infime minorité de femmes est poussée à la débauche, non par le besoin, non par les mauvais exemples; mais, par une impulsion instinctive. On a beau faire surveiller les abords de la maison par des espions, tenir toujours aux fenêtres des jalousies, la cage n'en laisse pas moins échapper les oiseaux ! Cette femme se donne à tout venant parce qu'elle y trouve plaisir !

Ces embrasées sont pour les médecins des nymphomanes. Si leur passion irrésistible ne provient pas d'une maladie des organes génitaux, elle émane de troubles purement psychiques qui sont les signes précurseurs de la folie.

Un autre agent important de la démoralisation est le *souteneur*.

La femme a cru prendre un mari; elle trouve un maître qui la terrorise !

CHAPITRE IX.

—

Des tenancières.

On peut diviser les prostituées en deux classes distinctes: celles qui demeurent ensemble dans une maison, sous la surveillance d'une maîtresse dite « *tenancière* »; et, celles qui vivent seules, soit dans leurs propres chambres, soit sans demeure fixe, à la merci du hasard, couchant là où la bonne ou la mauvaise chance les conduira.

Ce dernier genre de vie plaît mieux aux filles; car, l'amour de la liberté et de l'indépendance est un trait caractéristique de toute la classe.

Les maisons où elles demeurent ensemble sont appelées « *maisons publiques* » ou de « *tolérances* », parce que la police en a permis l'ouverture.

L'expérience a appris que l'existence de pareilles maisons est bien plus favorable à la tranquillité publique que si chaque fille vivait isolément. Du reste, c'est aussi pour faciliter leur surveillance qu'on les rassemble dans un seul quartier.

Les «tenancières» elles mêmes ont été des prostituées ou des femmes entretenues.

Quand l'âge ou d'autres causes les ont forcées de renoncer à ce genre de vie, elles s'évertuent à la faire embrasser par le plus grand nombre possible de jeunes filles.

Les tenancières possèdent ce trait caractéristique qu'elles considèrent leur occupation comme étant aussi légitime, aussi honorable que toute autre branche d'industrie. Très jalouses de la dignité de leur position, elles deviennent furieuses quand on leur manque d'égards.

Douces, caressantes, au début, elles gagnent

sur leurs pensionnaires une grande autorité. Elles les rendent aptes à une obéissance absolument aveugle et les forcent à s'endetter en leur vendant, à crédit et à des prix exorbitants, des objets de toilette et de friandises.

Il est bien difficile pour ces pensionnaires de s'acquitter de leurs dettes. Elles voudraient fuir cette prison où elles se sentent exploitées, où on les éreinte; mais par un sentiment d'honneur, elles tiennent à payer les dettes qu'elles s'imaginent avoir librement contractées. Bien peu oseraient se soustraire à cette obligation qu'elles considèrent comme sacrée pour autant que la tête de ces femmes soit prise dans un masque de fer qui leur obture l'oreille et leur barde les yeux!

CHAPITRE X.

LA TRAITE DES BLANCHES.

Les tenancières auraient peu de sujets si elles se contentaient des filles qui se présentent volontairement. Aussi, ont-elles recours à des intermédiaires.

C'est là la traite des blanches qui se pratique en vue de fournir les maisons de tolérance de chair humaine. La traite des blanches est le fait d'une vaste association internationale qui a ses agents partout.

« *Tous les moyens sont bons pour parvenir à recruter des sujets* », telle paraît être la devise de cette organisation.

La première précaution dont s'entoure le souteneur est celle de dépayser la victime.

Arrivée dans une ville dont elle ignore la langue, les us et les coutumes, elle s'engrène davantage dans le piège où elle est tombée.

Un philosophe, en cette matière, disait: « Il y a plus loin de rien à un que de un à mille; et, l'abîme attire l'abîme. »

Les mineures, certes, sont les préférées pour ces marchands dévergondés de chair humaine; car, elles sont des sujets plus malléables et se soumettent le plus aisément au despotisme des tenancières! Mais, ce serait une erreur de croire que les marchands de femmes s'adressent spécialement aux jeunes filles employées, artistes, domestiques et institutrices.... Il se trouve parmi les victimes de l'odieux trafic, une très forte proportion de veuves, de divorcées, de femmes mariées que le mari abandonna sans ressources, d'autres qui ont dû fuir un foyer qui ne leur assurait que de misères intolérables; d'autres, enfin, qui désertèrent avec un amant; celui-ci les a délaissées, elles sont dans la misère, ne veulent

pas ou ne savent pas travailler; ou encore,
ne trouvant pas de travail; elles n'osent pas
réintégrer le domicile conjugal ou se sont
heurtées à un refus de pardon !...

CHAPITRE XI.

—

LA PROSTITUTION ACTUELLE EN ÉGYPTE.

Examinons maintenant ce qui se passe, de nos jours, dans les pays musulmans; et, notamment en Égypte, dans notre bonne ville d'Alexandrie.

Disons-le de suite: si l'antique Égypte eut ses almées qui apprenaient des danses et des chants érotiques, aujourd'hui la danse du ventre et celle non moins indécente des foulards, sont rigoureusement interdites.

La fête du « renouveau de la vie » *Cham el - Nissim*, se pratique avec décence. Les promenades en bateau sur le Nil ne donnent

plus lieu à des excès de débauche, mais re-
pondent au besoin de respirer un air frais
et doux.

Dans le pays de l'Islam, la religion a mis,
de tout temps, une barrière à la licence.

La femme publique était tracassée par l'autorité policière. Se cachant pour faire son
trafic, elle ne pouvait vivre que chez elle.
Il n'y a donc pas de maison spéciale; et, le
scandale est rare. Les femmes ne sortaient
qu'entortillées dans d'épais manteaux et cachées
sous des voiles plusieurs fois repliés autour
d' elles.

La femme musulmane était fort recherchée;
on la payait au poids de l'or; c' est ce qui
encourageait le proxénète.

Lorsque la Constitution fut proclamée en
Turquie, on s'attendait, en vertu des grands
principes de liberté, que le scandale aurait
été à son comble, que la liberté serait poussée
jusqu' à la licence. Il n'en est pas ainsi, con-
venons-le, à l'honneur de la femme musulmane.

Hermétiquement fermés sur sa beauté, les
rideaux qui étaient lourds et grossiers sont

devenus fins et légers. Le voile a été à peine écarté. C'est là la seule modification constatée.

En Egypte, les filles publiques se divisent en deux classes. Les unes sont inscrites au Bureau des mœurs, sous la surveillance de la Municipalité, section du Service Sanitaire. Elles vivent pour la plupart, sous la dépendance d'une tenancière, dans un même quartier. Les autres, « filles de boulevard » ont la carte de la Police des mœurs.

Les premières sont au nombre de 627 pour l'année courante. Ce chiffre est en décroissance relativement à celui des inscriptions des années précédentes; et, nous ne pensons pas qu'il sera augmenté; car, la clientèle devient de plus en plus restreinte. A peine gagnent-elles de quoi payer le loyer de leurs maisons.

Cette diminution est motivée, d'après l'opinion des filles mêmes que nous avons interrogées, pendant notre enquête, au « manque d'affaires ».

Ces prostituées se répartissent, à leur tour, en deux catégories bien distinctes: les *étrangères*, venues de la Russie, de la Roumanie, de la Hongrie, de l'Algérie, de Malte, de l'Italie et de la Grèce, d'une part; et les *indigènes*, de l'autre, qui comprennent également les Syriennes et les turques venues des autres provinces de l'Empire Ottoman.

Détail intéressant:

Presque toutes celles venues de la Russie, de la Roumanie et de la Hongrie ont fait un stage de 2 à 3 ans à Constantinople, avant de s'établir en Égypte.

Ces femmes sont soumises à une visite médicale obligatoire chaque huit jours. Un médecin spécial relevant du service sanitaire de la Municipalité est chargé de veiller aux mesures prophylactiques. Celles qui sont atteintes d'une infection quelconque sont internées dans l'hôpital.

Les autres femmes, celles que nous avons dénommées « filles de boulevard » échappent à ces mesures d'hygiène et de précautions; aussi, la fréquentation de ces insoumises est considérablement plus dangereuse que ne l'est celle des filles publiques.

Nous devons à la vérité de dire que, l'arabe ne s'adresse aux filles publiques qu'uniquement pour satisfaire à son appétit sexuel. Il se respecte trop pour se livrer au bruit ou au désordre. Il est grave et sérieux. D'habitude il ne rit pas avec la fille publique et se garde bien de se livrer à d'amples libations et de faire du tapage chez elle.

La fille perdue arabe partage aussi ces qualités.

Il est rare qu'elle invite le passant; pas de prières, pas de gestes. La marchande d'amour; exerce son métier grave et sérieuse; comme poussée par la fatalité. A l'inverse de ses congénères européennes, elle est très soumise aux autorités.

En Egypte, comme en Turquie, la fille publique est méprisée et n'arrive pas à se marier dans la ville où elle exerce. Elle ne vend donc ses charmes que dans des villes autres que celles où elle a grandi, où sont les siens. Cela explique ses pérégrinations.

Après avoir amassé un peu d'argent, ce à quoi elle parvient plus facilement que ses congénères étrangères, à la suite de sa vie relativement plus sobre, elle retourne chez elle, où, en raison de sa dot, principalement, elle est considérée et réussit à se marier.

C'est donc l'impérieuse nécessité qui contraint la fille arabe aussi à s'adonner à la prostitution.

Cette plaie est partout causée par une extrême pauvreté.

CHAPITRE XII.

—

Psychologie des prostituées.

La prostitution prend le masque de toutes les professions, même de certaines où l'on n'imaginerait jamais la trouver. La confusion entre l'honneur et la honte est telle que l'on ne sait plus, à la vue d'une femme, si l'on lui doit du respect ou du mépris.

Tous les rôles sont bons à la fille qui veut s'assurer une clientèle:

Après avoir été vendeuse d'amour, comme fille de trottoir, elle loue une place qui lui permet d'augmenter ses prix. Elle devient ensuite femme galante, figurante; et, même, chanteuse au café concert.

Entre les divers ordres, la rivalité et la jalousie sont grandes. Les élégantes, par exemple, regardent les autres filles avec dédain ; et, sont fort vexées lorsqu'on les confond avec elles.

Quel genre de vie mènent-elles ?

La vie de la prostituée est faite de contrastes et de choses illogiques:

On dirait que son cœur reste de glace pour la foule de ceux qui la visitent; mais, il est plein de chaleur pour quelque amant favori qu'elle aime réellement et auquel elle prodigue toute sa tendresse. Les violences dont elle est souvent l'objet de la part de ce dernier n'ont pour résultat que de resserer davantage les liens qui l'unissent à lui. C'est un maître qu'elle se donne dont elle est l'esclave volontaire et soumise. Il est l'objet de toute sa sollicitude, de toute son affection; et, c'est exclusivement pour lui qu'elle travaille.

Quelquefois aussi, elle s'accroche à un individu avec un tel acharnement qu'elle fait de lui un esclave au point de lui faire oublier toute notion du devoir, de l'honnêteté et de l'honneur.

La sagesse populaire des turcs représente cette prostitution par ces mots: « *Zina Yikar Bina.* » (La prostitution démolit la maison).

L'amour, au lieu d'être un des plus charmants biens de la vie, semble être devenu, en cette circonstance, une malédiction, puisqu'il engendre tant de maux et tant d'angoisse! L'amour qui eût fait le bonheur de la vie en est le poison !

Considérons encore que, pendant qu' elle étale son luxe aux regards des passants, qu'elle déploie tous ses efforts pour se faire remarquer, celle même qui montre le plus d'arrogance, cache, le mieux qu'elle peut, sa honteuse position, dès qu'elle se trouve en présence d'une personne qui l'a connue sage. Elle s'éclipse honteuse, le rouge au visage.

Entre elles, les prostituées tournent en dérision les cérémonies du culte; mais, à la vue d'un ministre de la religion, elles le respectent, saisies d'un sentiment de piété.

On peut admettre que leur ignominie ne
détruit pas leur sentiment religieux; et, qu'elles
s'imaginent n'avoir pas perdu tout, en con-
servant la foi de leur enfance; aussi, les voyons-
nous s'exalter aux cérémonies du culte et y
donner libre carrière à leur extrême émotivité.
On en voit renoncer complètement à tout acte
de prostitution pendant les semaines des grandes fêtes. A la mort, elles font venir un re-
présentant du culte; et, les filles, assistantes
aux derniers moments, prient avec ferveur.

Elles ont surtout un grand esprit de solidarité qui pousse ces délaissées à ne jamais
s'abandonner dans les jours de malheur. Si
l'une d'elles tombe malade ou se trouve dans
la misère, elles lui viennent en aide, dussent-
elles se dépouiller elles-mêmes.

Elles font preuve aussi d'une grande géné-
rosité; les pauvres en connaissent toute la
portée. On en connait qui ont aidé à soutenir
des vieillards et des infirmes.

Indifférentes pour leurs parents, elles igno-
rent ce qu'ils sont devenus; et, n'aiment pas

qu'on leur en parle. Elles-mêmes ne le font que dans des termes les plus grossiers; mais on a vu aussi que beaucoup d'entre elles ont embrassé cette vie de malheur pour faire vivre des parents malades ou encore des orphelins abandonnés.

Elles ont assez de défauts pour ne pas taire cette rare qualité!

Du reste, l'argent si aisément gagné ne leur tient pas dans les mains. Imprévoyantes, il est rare qu'elles fassent des économies, même quand cela leur est possible.

Leurs sentiments affectifs, exaltés par l'oisiveté, elles les reportent sur leur enfant.

Un accouchement, ce qui est d'ailleurs chose rare chez la prostituée, ennoblit la fille publique; et, elle met son orgueil à remplir toutes les obligations de la maternité. Elle sent que rien ne l'élève autant à ses propres yeux et dans l'opinion d'autrui, que d'avoir quelque chose à aimer, en réalité. Elle est une mère tendre et attentive.

La plupart des prostituées passent leurs heures de loisir dans une oisiveté complète, au lit ou étendues sur le sopha, ayant à peine assez d'énergie pour s'habiller. C'est pour cela qu'on les appelle des « horizontales ». Celles de la classe inférieure passent la journée dans les auberges.

Presque toutes ont cette tendance à satisfaire leurs appétits. La passion de boire est le vice le plus dangereux de leur existence. C'est à cette habitude et à la paresse qu'il faut attribuer la corpulence exagérée à laquelle elles arrivent fréquemment. Mais, le vice de l'ivrognerie est leur grand fléau. L'ivresse est une habitude qui les plonge souvent dans un véritable abîme de misère morale et physique. Les malheureuses y sont poussées, d'abord par le désir de fuir les soucis, d'échapper à leurs propres pensées, à l'aiguillon des remords, et puis, la passion les domine bientôt.

Une autre cause qui les pousse à la boisson est le besoin de surmonter la timidité et la honte que les filles éprouvent elles-mêmes lorsqu'elles embrassent d'abord ce genre de vie.

L'habitude de toujours chercher à noyer leurs

pensées, leur donne, à la longue, un caractère inconstant et un esprit volage.

Une autre classe de prostituées, celle-ci fort nombreuse, est celle des voleuses. Généralement associées à des voleurs et à des filous, parmi lesquels elles recrutent leurs amis, elles opèrent en commun.

Quelques unes accostent les hommes, les moins disposés à les accompagner; elles persistent; et, quand on les repousse, elles se mettent à crier, font assembler du monde; et, profitent du désarroi que cause cet attroupement pour vider les poches de leurs victimes. D'autres se mettent à la piste de quelque jeune homme inexpérimenté, font cercle autour de lui; et, pendant qu'il se débat et se défend elle font leur coup.

Bien de filles publiques, relativement honnêtes, n'hésitent pas à s'approprier ce qu'elles trouvent dans les poches de leurs victimes; et, ces vols sont rarement punis; car, en général, les volés n'aiment pas à porter plainte, de peur du ridicule, du scandale; et se résignent à subir la perte, comme prix d' une fâcheuse expérience acquise.

La classe toute entière se fait remarquer par l'habitude du mensonge.

Cherchant à tromper d'abord leurs parents et ensuite la police qu'elles abhorrent toutes, obligées de feindre sans cesse des sentiments d'affection qu'elles n'éprouvent nullement, leur sincérité se perd complètement.

Qu'est-ce que la plus grande partie de la vie d'une prostituée, si non un tissu de mensonges et de feintes, d'amour simulé, de plaisir simulé ?

Dans ses rapports avec le monde, la prostitution n'est que le mensonge de l'amour !

Les jeunes, pas bien versées dans l'habitude de tromper, se contredisent souvent. Aussi, les personnes charitables qui s'occupent de la réforme de ces filles, se méfient, à cause des échecs subis, auprès des âgées qui sont passées adeptes dans l'art de feindre.

Pour ce motif, particulièrement, les statistiques ne peuvent repondre que d'une façon bien incomplète pour l'établissement des causes qui poussent la femme à se prostituer, des auteurs de la défloraison; et, aussi, des causes de défloraison.

EVALUATION NUMÉRIQUE

On a pu cependant établir un pourcentage comme suit pour :

CAUSES DE PROSTITUTION :	pour %
Par paresse ou besoin de plaisir . .	29
„ désir du lucre	19
„ misère ou manque de travail .	28
„ indifférence ou mauvais exemple	5
„ luxure	1
„ misanthropie.	1
„ ordre ou consentiment de l'amant	3
„ ordre ou consentiment du mari	1
„ chagrin par suite de l'abandon par l'amant.	10
„ „ „ „ de l'abandon par le mari.	2
„ suite d'opposition au mariage .	1

***

5

AUTEURS DE LA DÉFLORAISON:	pour %
Ouvriers	37
Gens de métiers divers	17
Professions libérales	11
Maîtres, patrons ou fils du patron	3
Membres de la famille	1
Le mari	6
Inconnus	25

*
* *

CAUSES DE DÉFLORAISON:	fois
Séduction	54
Simple curiosité	22
Lucre	16
Violence	3
Mariage	5

—

DEUXIÈME PARTIE

Repression de la Prostitution.

CHAPITRE PREMIER

—

DANS L'ANTIQUITÉ.

A l'époque de Rome, de Byzance, et plus tard, au vi⁰ et au vii⁰ siècles, quelques rois pieux ont tenté d'interdire la prostitution dans leurs États.

Le plaisir charnel fut considéré comme un péché. La fille publique, regardée jusqu'alors avec indifférence, devint abjecte, répulsive, odieuse.

On punit les prostituées en confisquant leurs meubles, leurs vêtements, leurs maisons; en les condamnant au fouet et au cancan; en les bannissant, en les vendant comme esclaves. On alla jusqu'à les mettre à mort, elles et ceux qui leur donnaient asile.

Rien n'y fit !

Les filles de joie se cachèrent, prirent des allures des femmes honnêtes; elles furent, par suite, exposées aux entreprises des libertins; et, ces mesures, ne firent qu'aggraver le désordre !

Force fut donc de rapporter les décrets, et on se borna à réglementer ce qu'on ne pouvait empêcher.

Plus tard, au XV° siècle, la syphilis, cette infection qu'on dénomme actuellement, à tort, maladie honteuse, sévit sous forme endémique, répandant partout la terreur. Les gouvernements effrayés de la généralisation du mal voulurent l'arrêter au moyen de mesures prohibitives.

Les tentatives faites autrefois, au nom de la religion, furent renouvelées pour cause sanitaire.

On expulsa les courtisanes et, si elles revenaient, on les marqua et on leur coupait les oreilles. A une seconde infraction, on les ligottait dans un sac et on les noyait. On alla même jusqu'à les brûler vives !

Les rigueurs des lois n'eurent pas plus d'influence que la crainte du terrible mal ! Rien ne réussit à empêcher la débauche ! Les châtiments augmentèrent plutôt la fréquence et la gravité de la syphilis, en contraignant les malades à se cacher; et, les femmes publiques à se déguiser par leurs allures de femmes honnêtes.

C'est une preuve, ajoutée à tant d'autres, de la constante inutilité des lois draconiennes et de la véracité de ce dicton, « plus fait douceur que violence. »

Dans une étude remarquable parue dans une Revue allemande, le professeur Mittermeier, passant en revue les dispositions pénales relatives à la traite des blanches, dit notammeut:

« On fera plus, pour combattre le mal, avec des mesures administratives, qu'avec des mesures pénales. »

CHAPITRE II.

—

RÉGLEMENTATION DE LA PROSTITUTION.

A l'inverse des siècles précédents, le xixe siècle, qui a vu l'éclosion des tendances humanitaires, s'est aussi intéressé à cette question; mais ce n'est que tout à fait en ces dernières années qu'on s'est sérieusement préoccupé de connaître les lois auxquelles est soumise la prostitution, comme tous les phénomènes sociaux.

La question de la réglementation de la prostitution, au point de vue sanitaire ou plutôt de la police des mœurs, a fait l'objet de deux Conférences Internationales, en Septembre 1899 et 1902.

Les médecins et les spécialistes les plus distingués se sont réunis à Bruxelles, avec un certain nombre de juristes et de sociologues, afin de discuter la valeur respective des différents systèmes de prophylaxie publique.

Le rapport du Dr Neisser, à cette occasion, conclut dans les termes suivants:

« La moralité ne peut plus servir à justifier les mesures répressives contre la prostitution, puisque celle-ci n'est pas immorale, mais amorale, comme tout fait social nécessaire et conforme aux données du milieu. La prostitution résulte, non du vice des individus, mais du vice de la société. Ce n'est pas le fait de la débauche professionnelle qui nous intéresse, mais bien l'existence de rapports sexuels dangereux pour la société. »

Analysant les travaux de ces Conférences, Edouard Dolléans est d'avis que:

« La prostitution est un mal indéracinable, parce qu'elle est pour un grand nombre de filles du peuple l'unique moyen de ne pas mourir de faim. C'est une chimère de la part des réglementaristes, dit-il, que de vouloir restreindre ou même supprimer ce phénomène social, en réprimant certaines de ses manifestations et en supprimant quelques unités isolées. Tous les projets de réformes, toutes les mesures répressives qui pourront être inventées contre la prostitution se heurteront à la nécessité de vivre par tant d'ouvrières en chômage, tant de filles séduites et abandonnées. Elles se heurteront aussi à la demande irréductible d'un certain nombre d'hommes. »

CHAPITRE III.

—

ACTION ÉNERGIQUE
DE LA MUNICIPALITÉ D'ALEXANDRIE.

Une amélioration très sensible, en ce qui concerne le pourcentage des filles atteintes de maladies vénériennes a été constatée depuis 1908, date à partir de laquelle a été décidée l'introduction du système de « traitement prophylactique » applicable, dans des intervalles réguliers, à toute prostituée qui a eu la syphilis, en vue d'empêcher les récidives.

Les chiffres officiels enregistrés par la Municipalité d'Alexandrie sont les suivants:

Années	indigènes	étrangères	total	atteintes syphilis
1907	616	235	851	103
1908	652	251	903	110
1909	594	200	794	93
1910	622	170	792	64

Ainsi, alors qu'en 1907 et 1908, la proportion pour les syphilitiques était de 12.10 et 13.14 $^o/_o$, on est arrivé à 11.71 $^o/_o$ en 1909 et à 8.08 $^o/_o$ seulement en 1910.

Cette amélioration ne fera que s'accentuer.

Nous savons que l'évaluation de la population d'Alexandrie — basée sur les résultats des recensements en 1897 et 1904, et par l'accroissement des chiffres annuels des naissances pendant cette même période — a été de 410.000 âmes pour 1909, dont 337.000 indigènes et 73.000 étrangers; et, de 417.000 pour 1910 dont 344.000 indigènes, les étrangers demeurant dans un état latent, l'émigration ayant fourni un équilibre dans les chiffres d'entrée et de sortie des voyageurs.

Le nombre de malades des organes uro-gé-
nitaux et les cas de décès sont intéressants
à connaître.

Voici les chiffres officiels:

années	cas	masc.	fem.	syphilis
1909	1447	996	451	36
1910	1814	1225	589	63

années	syphilitiques		indigènes	étrangers
	morts	mortes		
1909	25	11	14	—
1910	42	21	12	1

et, après ce tableaux, nous trouvons superflu
de nous étendre sur l'utilité de l'introduction
de la mesure prophylactique dont nous avons
parlé plus haut.

—

Protection de la Femme.

CHAPITRE PREMIER

—

LA NATIONAL VIGILANCE ASSOCIATION.

Le domaine de la protection de la jeune fille présente un champ d'activité très vaste. Nous ne parlerons que des sociétés, qui se sont fondées, en vue de protéger la jeune femme nouvellement arrivée dans une ville.

Ces œuvres affichent des avis dans les gares, bien en vue, dans les salons des bateaux, mettant en garde les étrangères contre les promesses mensongères des proxénètes.

Une Société anglaise, la « National Vigilance Association » a entrepris la tâche de dévoiler les faits des marchands de chair humaine à lin'dignation publique. Elle a réussi à intéresser à cette cause la haute société et même les souverains.

En 1899, le Congrès de Londres avait démontré qu'une entente était nécessaire entre les divers pays pour réprimer ce trafic honteux qui est international; et, exercer une surveillance en vue de rechercher les conducteurs des filles à la débauche.

CHAPITRE II.

—

ENTENTES INTERNATIONALES.

La France prit l'initiative d'une Conférence qui se réunit à Paris le 15 Juillet 1902.

Tous les pays civilisés y envoyèrent des délégués.

Le 4 Mai 1910, les divers États ont fait une Convention Internationale pour la répression de la traite des blanches, convention que les Chambres et Cabinets respectifs ont approuvé.

Les États-Unis, la République Argentine, la Norvège, la Roumanie et la Turquie n'ont pas adhéré à la convention. Cependant, la Roumanie est particulièrement ravagée par les trafiquants infâmes; c'est le port de Buénos-Ayres, dans l'Argentine, qui sert de port d'importation dans l'Amérique du Sud à toutes ces malheureuses qu'on achète par surprise, en Europe, pour alimenter la prostitution du Nouveau-Monde; et, c'est à Constantinople surtout que se commettent les actes de défloraison des malheureuses filles trompées en Russie, en Hongrie et en Roumanie !

Une statisque établie par la police des mœurs de Buénos-Ayres, pour une période de 10 ans, montre que sur 6413 femmes inscrites, 4338 soit 68 °/₀ provenaient d'Europe.

La Conférence du 4 Mai 1910 avait completé la Convention de 1902 par laquelle chaque gouvernement contractant s'engageait à établir ou à désigner une autorité chargée de centraliser tous les renseignements sur l'embauchage des femmes et filles en vue de la débauche à l'étranger. Cette autorité aurait la faculté de correspondre directement avec le service similaire établi dans chacun des Etats contractans.

Les Gouvernements s'engageaient, en outre, au rapatriement éventuel des victimes.

La Conférence de 1910 s'occupa de fixer la procédure avec plus de détails et de précision, avec le souci, principalement, de ménager toutes les susceptibilités, d'éviter tout ce qui ne fût pas adopté, dans la mesure du possible, aux traditions et coutumes jalousement conservées par certains gouvernements. Elle s'efforça, en un mot, de contenter tout le monde; et, l'on doit reconnaître qu'elle y réussit.

Chaque pays possède donc actuellement un Comité préposé à la surveillance et à la répression de ce trafic honteux. D'une autre part, la surveillance de la police s'exerce mieux. Elle ne le fait plus au nom de l'hygiène publique, soin qui est laissé aux Municipalités, section du Service Sanitaire; mais au nom de la morale; et, l'embauchage des mineures est plus difficile. Quant aux majeures, elles sont, en général, des personnes plus avisées et plus difficiles à tromper.

CHAPITRE III.

—

THE JEWISH ASSOCIATION
FOR THE PROTECTION OF GIRLS AND WOMEN.

En dehors de la « National Vigilance Association, » il existe à Londres, depuis 1885, comme je l'ai dit, en commençant, (*) une Association Juive pour la protection des filles et de la femme. Elle est divisée en deux sections; celles des dames présidée par Lady Rothschild; et, celle des hommes ayant pour président l'honorable Claude G. Montefiore.

Cette Association a eu à éprouver les difficultés inhérentes à tout début. Mais, elle est, heureusement, parvenue à acquérir le concours des

—

(*) V. Avant-propos.

autorités du port et des Compagnies de Navigation, qui ont accordé à ses inspecteurs l'autorisation de visiter les bateaux en partance pour l'Amérique, afin de s'assurer s'il ne se trouve parmi les voyageurs des victimes du trafic honteux.

L'Association dispose actuellement de trois inspecteurs qui, reconnus par les autorités qui facilitent leur tâche; et, grâce à la coopération gracieuse des officiers du bord, s'acquittent consciencieusement de leur mission.

Sur l'initiative de cette Association, une Conférence Internationale Israélite a eu lieu, dans la capitale Britannique, les 5, 6 et 7 avril 1910, à laquelle ont pris part divers délégués du Judaïsme universel, à l'effet de savoir ce que les Israélites ont à faire vis-à-vis des accusations portées contre eux, et aussi dans le but d'apporter leur collaboration à l'œuvre commune pour lutter avantageusement contre la traite des blanches.

Une proposition générale y a été acceptée; savoir que:

« la grande pauvreté et la triste situation

« de tant de Communautés importantes juives
« (qui les rend d'autant plus susceptibles de
« succomber de diverses manières aux difficiles
« conditions de la vie moderne industrielle)
« exigent les efforts énergiques et suivis de tous
« les travailleurs juifs, afin de pouvoir poser so-
« lidement les bases d'un avenir plus heureux. »

Dès lors, les diverses institutions juives se sont mises à l'œuvre.

L'Alliance Israélite de Paris, dont les émissaires ont été les premiers champions de la civilisation et du progrès véritable dans les Communautés Juives d'Orient; l'Anglo Jewish Association, de Londres; la grossloge für Deutschland, prêtent leur concours pour réprimer le trafic honteux. La Jewish Colonisation Association étend son champ d'action en Galicie. La Hilfsverein der Deutschen Jüden met en œuvre ses comités des villes — frontières pour éviter, autant que faire se peut, le passage des filles trompées à la frontière; et, aujourd'hui, l'Ordre Indépendant Béné Bérith vient aussi de créer un Comité spécial pour entreprendre la même lutte notamment en Orient.

Nous pouvons donc espérer de l'avenir.

CHAPITRE IV.

—

L'Alliance Israelite Universelle

Je faillirais à mon devoir si je ne disais deux mots de la grande institution, de cette société universellement connue et admirée, qui s'est donnée pour tâche de travailler au relèvement moral et intellectuel du Judaïsme.

Je ne parlerai ici ni de la manière énergique dont *l'Alliance Israelite Universelle* a toujours repoussé les accusations injustifiées dont les Juifs ont souvent été l'objet dans certains pays, ni des efforts qu'elle n'a jamais cessé de déployer pour mettre un frein aux persécutions dont ils sont les malheureuses victimes dans certaines autres contrées. Je ne m'étendrai pas non plus sur l'intervention bienfaisante de l'Alliance toutes les fois qu'un malheur survint, chaque fois que se produit une catastrophe.

Si nous avions à écrire l'histoire de la bienfaisance juive dans la seconde moitié du xixe siècle, le nom de l'Alliance reviendrait évidemment à chaque page; car, elle a participé et largement, à toutes les manifestations de la charité et de la solidarité humaine auxquelles ont donné lieu les calamités qui se sont souvent abattues dans maintes Communautés, tant en Russie, en Romanie, en Turquie, en Egypte, qu'en Perse et au Maroc.

Ce n'est donc pas de cette partie là de l'œuvre de l'Alliance que je me propose de vous entretenir; il m'aurait fallu d'ailleurs y consacrer plus d'une causerie.

Je ne dois parler ici que de la Traite des Blanches; et, c'est précisément sur le rôle actif de l'Alliance, dans la lutte acharnée menée contre cette organisation que je tiens à attirer votre attention.

Nul n'ignore qu'un des moyens, et des plus puissants, employés par l'Alliance Israélite Universelle pour la réalisation de son vaste et beau programme est l'école. Elle a fondé dans les pays du Levant, où les Juifs croupissaient dans la plus crasse ignorance, en Turquie, en Egypte, voire en Tunisie et en Algérie, et plus tard au Maroc et en Perse même, des établissements scolaires qui ont donné des résultats merveilleux. Plusieurs générations ont trouvé dans ces écoles, où l'enseignement est donné par des maîtres, formés à Paris par l'Alliance, une instruction sérieuse et une éducation soignée.

Les Communautés Israélites d'Orient qui présentaient, il y a quelques années, le spectacle le plus attristant par suite de la misère noire et de l'ignorance honteuse de ses membres, sont aujourd'hui prospères, comptent dans leur sein des hommes éclairés, cultivés, qui se sont fait des situations brillantes parmi leurs concitoyens des autres confessions, grâce aux études faites dans les écoles de l'Alliance Israélite Universelle.

C'est donc par l'école que la grande institution sauve des milliers de familles juives de la déchéance.

En faisant de la jeune fille une femme instruite, consciente du rôle qu'elle a à remplir dans la vie, en lui enseignant un travail manuel — car l'Alliance entretient aussi des œuvres d'apprentissage — elle la prépare au grand combat pour la vie, elle la préserve contre les tentatives des trafiquants. La jeune fille, pouvant ainsi gagner sa vie honnêtement, est sauvée de la déchéance morale.

De même, en formant des hommes instruits et moraux, en leur inculquant, dès leur plus tendre enfance, des principes humanitaires et civilisateurs, l'Alliance poursuit, et atteint, le double but du relèvement de la famille et de la régénération de la société.

Et, y a-t-il un moyen plus efficace, plus puissant de réagir contre les manœuvres infernales, diaboliques, dont sont de malheureuses créatures, victimes de la misère et de l'ignorance, sont l'objet, que celui que l'Alliance sait employer avec autant d'ardeur que de dévouement ?

Mais, laissons la parole aux chiffres; à eux seuls ils vous édifieront plus que ne saurait le faire l'orateur le plus éloquent.

L'Alliance Israélite Universelle posséde ac·
tuellement dans les divers pays où elle exerce
son action civilisatrice:

174 établissements, soit *103* écoles de garçons
et *71* de jeunes filles, avec une population
scolaire de **46.000** enfants.

Elle entretient des œuvres d'apprentissage
pour les garçons et les jeunes filles dans **39**
localités différentes.

Il ne nous appartient de parler ici ni des
sacrifices que la grande institution s'impose
pour poursuivre cette œuvre gigantesque, ni
de la grande peine qu'elle se donne pour en
assurer l'avenir.

Nous nous bornons à signaler à l'attention
publique la trés précieuse participation de l'Alliance à la croisade contre la traite des blanches
et l'immense effort qu'elle réalise, sans esprit
de réclame, avec une ardeur que, ni les années,
ni les critiques acerbes de personnes haineuses
et envieuses, ne ralentit.

Nous croyons intéressant de reproduire les
belles paroles suivantes prononcées au **nom**
de l'Alliance:

« L'Alliance dispose, vous le savez bien,
« d'un personnel considérable d'instituteurs et
« d'institutrices. Ces instituteurs et ces insti-
« tutrices luttent depuis 50 ans, et à l'heure
« actuelle, des ports de l'Atlantique et au Golfe
« Persique, et pendant ces 50 années, ce per-
« sonnel a donné des preuves d'un incom-
« parable dévoûment pour le développement
« de la civilisation et de la moralisation.

« Or, je suis sûr d'avance d'être l'interprète
« de tous, instituteurs et institutrices, en dé-
« clarant qu'ils seront heureux et fiers de
« collaborer à la tâche que vous avez entreprise,
« Ils se mettront en rapports avec les familles.
« et, du Maroc à la Perse, ils pourront, peut-
« être, défendre et sauver un certain nombre
« de victimes. »

Telles sont les déclarations faites par le
professeur Sylvain Lévi, de Paris, à la Conférence Internationale Juive pour la répression
de la traite des blanches, où il a représenté
la grande institution.

Elles se passent de tout commentaire. Les
personnes généreuses qui ont pris à cœur la

lutte acharnée contre la traite des blanches peuvent donc, plus que jamais, compter sur le concours actif des représentants de l'Alliance, de cette phalange d'instituteurs qui promènent dans les sentiers obscurs le flambeau de la civilisation.

Et, notre hommage ému va pieusement aux fondateurs de l'Alliance Israélite Universelle, dont l'œuvre perpétue les traditions d'humanité et de civilisation.

CHAPITRE V.

—

EN ITALIE.

Il existe dans onze principales villes Italiennes, comme dans les autres centres Européens, une branche de l'association catholique: » Protezione delle Giovani » fondée en 1877 « *Unione Internazionale delle amiche delle giovanette,* » qui exerce son action bienfaisante exclusivement sur les victimes italiennes. Les jeunes filles isolées et sans appui y trouvent logement, aide et conseils.

Il est évident qu'une jeune fille, arrachée, par la ruse ou par des subterfuges, à son pays natal, est portée à avoir confiance en un coréligionnaire. Cette confiance s'accroît, si ce coréligionnaire se trouve être du même rite, parle la même langue.

C'est là précisement une considération dont la « Jewish Association for the Protection of Girls and Women » s'inspire pour sauver des malheureuses entraînées par des trafiquants sans conscience.

On sait que Gênes est le plus important port .de transit pour l'Amérique; de grands renforts de filles sans expérience partent de Gênes à destination de l'Amérique du Sud. Aussi l'attention vigilante de la « Jewish Association for the Protection of Girls and Women. » s'est-elle dirigée de ce côté.

On disait que la surveillance serait impraticable dans le port de Gênes, par suite de la confusion inévitable au départ des bateaux; et, à cause de la défense exercée par l'Inspectorat du Port sur les étrangers d' approcher les émigrants.

Ces difficultés n'ont pas arrêté l'élan humanitaire de l'Association qui dépense beaucoup d'efforts pour sauver les filles de la perdition et réprimer ce trafic honteux.

L'Inspectorat de l'Emigration à Gênes a déclaré que le transit des filles Russes et Allemandes par ce port est insignifiant; et que, parmi les émigrantes il n'avait pas, depuis longtemps, reconnu des Juives.

Malgré ces assurances et sur l'avis de l'honorable Claude G. Montefiore, le vaillant Président du Comité de Londres, une branche de l'Association a été fondée à Gênes. Des démarches ont été entamées, en Mars dernier, auprès des Autorités, pour la reconnaissance officielle dans le but d'obtenir la coopération de l'Inspectorat du Port dans les visites des bateaux.

Après Gênes, c'est le port de Naples qui se recommande à l'attention de l'Association, comme point de transit assez important pour l'Amérique. Puisse cette œuvre éminemment humanitaire y étendre également son action; car, de nombreux bateaux, venant de Turquie où s'opère le transit des ports Russes, Roumains et Bulgares, y font escale.

Le Consistoire Israélite de Rome devrait centraliser ces initiatives généreuses et prendre sur lui les démarches à l'effet d' obtenir des Autorités la reconnaissance pour les agents inspecteurs de l'Association. Le concours du Consistoire serait d'autant plus précieux que la surveillance devrait s'exercer dans tous les ports principaux de l'Italie d'où partent des bateaux, non seulement pour l'Amérique, mais encore pour l'Egypte et pour d'autres centres où les trafiquants de chair humaine exportent leurs malheureuses victimes.

CHAPITRE VI.

—

En Egypte.

Vous savez, mes frères, que c'est par le port d'Alexandrie que la chair humaine est expédiée au Caire et dans les autres villes de l'Egypte; aussi, la police des mœurs exerce-t-elle une surveillance des plus actives et déploie-t-elle beaucoup de vigilance contre la traite des blanches, dont la Ligue Internationale, celle-là même dont je vous ai parlé tout à l'heure, a une branche ici.

Le Commandant de la police, S. Exc. Hopkinson Pacha et les autorités consulaires prêtent un concours des plus louables à la Ligue qui est placée sous la présidence d'honneur

de S. Exc. le Gouverneur de la ville et dont le Comité se compose des représentants des diverses Communautés.

La « Jewish Association for the Protection of Girls and Women » est aussi, en ce moment, en échange de correspondance avec quelques membres influents de la Colonie Juive, à l'effet de créer, à Alexandrie, une branche, dans le but d'apporter à l'œuvre commune sa collaboration pour lutter avec plus d'intensité contre le trafic scandaleux.

Le nombre des mineurs venus et débarqués à Alexandrie pendant l'année 1911 a été de 1103 filles et 509 garçons. Arrêtés au port par la police, ils ont été consignés aux Communautés et aux consulats respectifs dont ils se réclament.

34 filles trouvées par cette police dans des maisons clandestines, sur le point d'être vendues ou livrées à la prostitution, ont été sauvées; et, sur 37 souteneurs découverts, les 25 ont été expulsés.

Voici de quelle façon il est procédé:

La fille arrêtée, à son arrivée ou découverte

dans un endroit clandestin, à la suite des visites fréquentes opérées par les agents, est
tenue sous la surveillance de la police qui la
consigne à la Communauté dont elle relève.

Cette dernière s'occupe de lui procurer du
travail, un emploi honnête; et, jusqu' à y parvenir, se charge de son gîte et de sa nourriture.
La fille demeure sous sa tutelle; et, est, éven-
tuellement, rapatriée aux frais de la Communauté.

Les Autorités Helléniques défendent, depuis
l'année dernière, l'émigration des jeunes filles
sans une autorisation des mairies. Cette mesure
de prévoyance a permis un certain contrôle;
et, les filles, sans expérience, ont pu se tenir
en garde contre le péril qui les attendait. Le
nombre des filles grecques venues à Alexandrie
en 1911 n'a été que de 762 contre 1072 pour
l'année précédente.

Ce résultat est dû à la sage mesure précitée.

Nous devons donc de congratulations à la
Communauté Grecque tant pour cela que pour
le « Home » modèle qu'elle entretient, où les
filles sauvées sont reçues et nourries en at-
tendant qu'on leur procure une place.

CHAPITRE VII.

—

Lois absurdes russes.

A Athènes, nous l'avons dit, la maison publique était, anciennement, institution d'Etat; la cité l'exploitait directement à son profit. Au moyen âge, il en fut de même dans bien de villes.

Mais, que dire d'un grand Etat Européen, dans ce siècle de lumières, qui, sans participer directement à cette exploitation, nous parait l'encourager en accordant sa protection, des privilèges, aux prostituées, de préférence aux honnêtes filles ?...

En Russie, les Israélites sont privés, comme vous le savez, mes frères, de beaucoup de droits de l'homme. Mais, on y fait exception pour les prostituées. On peut citer des cas où de jeunes filles, voulant suivre les cours des écoles supérieures, sont obligées de se faire inscrire, sur les registres de la Police, comme prostituées pour en avoir le droit. De même, les femmes juives sont obligées de se déclarer des prostituées pour avoir le droit de séjourner dans les villes, d'où, autrement, elles seraient expulsées.

On comprend donc aisément pourquoi la balance fléchit de ce côté dans les chiffres des femmes publiques en Russie. Mais, vraiment, la dépravation humaine n'a plus de bornes!

Inscrire une fille honnête, c'est compromettre tout son avenir ! Admettre comme « fille de joie » des enfants qui n'ont jamais été déflorées, c'est tout simplement, non seulement les pousser à la débauche, mais aussi assurer l'impunité de l'auteur de l'acte de défloraison; par séduction ou par violence !

Et, le Gouvernement qui possède cette réglementation a pris part aux travaux de la Ligue contre la traite des blanches, a approuvé les décisions y arrêtées, et entend protéger les mineures !

Des voix autorisées auraient dû protester contre cette vilénie, contre l'acharnement d'outrages à l'egard de, si non toute une nation opprimée injustement, au moins des mineures, des faibles victimes innocentes !

Il est consolant de noter cependant que la femme juive Russe n'est pas quand même perdue !

Le Baron Alexander de Günzberg de Saint-Pétersbourg l'a déclaré à la Conférence de Londres, le 4 avril 1910, dans les termes suivants:

« Les dernières statistiques obtenues dans l'Empire portent que, pour les prostituées dans les villes que nous appellons « villes Russes », le nombre des femmes Israélites est à peu près de 6 %, alors que dans celles où la majorité des habitants sont juifs, la proportion est de 15 à 16 %. »

CHAPITRE VIII.

—

FAUSSE ACCUSATION.

Se basant sur les statistiques qui ne peuvent pourtant être exactes, pour les motifs que nous avons signalés, on attribue aux Juifs de Russie, de pratiquer le commerce honteux de la traite des blanches! On va jusqu'à étendre cette accusation — de quoi ne sont-ils pas calomniés — sur leurs coréligionnaires des autres pays! (*)

(*) Il y a eu en France, en Allemagne et en Angleterre des épidemies trés violentes de syphilis qui ont causé beaucoup de ravages dans toutes les localités où elle avait fait son apparition.

On avait constaté que le Juifs étaient indemnes de cette maladie; et, que ce fléau ne s'attaquait pas aux descendants d'Israël. Plutôt que d'attribuer ce fait à leur vie sobre, à la propreté et

Je n'ai pas la prétention de me constituer défenseur des victimes de cette basse calomnie, je veux cependant rappeler que, parmi les peuples de l'antiquité, seuls les Juifs, propagateurs de la Lumière et de la morale saine et pure, furent toujours opposés à la débauche. Ils étaient même protectionnistes vis-à-vis des courtisanes étrangères. La loi défendait à ces dernières de se prostituer dans les villes; et, elles attendaient sur les bords des routes.

Il ne leur fut permis de pénétrer dans la cité que sous le règne de Salomon le Sage qui a chanté la luxure dans ces vers bibliques:

« Le miel coule des lèvres d'une courtisane,
« sa bouche est plus douce que l'huile; mais,

---

aux mesures hygiéniques qu'ils observaient rigoureusement, à l'attachement pour leurs familles, on les a accusés gratuitement d'avoir empoisonné les eaux des puits; et qu'en connaissance de leurs méfaits, ils en prenaient garde !

Et, que de victimes innocentes il y a eu à déplorer du chef de cette accusation stupide ! que d'expulsions en masse ! N'aurait-on pas fait œuvre plus utile et salutaire en imitant la vie des Juifs, en suivant leur exemple, en s'abstenant complètement, comme ils le faisaient, de tout ce qni est impur ? - *Maladies sociales — Dr I. J. Lévi — Alexandrie 1912.*)

« elle laisse de traces plus amères que l'absin-
« the et plus cruelles que l'épée à deux
« tranchants. »

Hérodote trouve l'explication de l'horreur que les Juifs ont toujours montré contre les Babyloniens dans le fait que ces derniers toléraient, légitimaient la prostitution.

Le Dr Félix Regnault, professeur au Collège libre des sciences sociales à Paris, dans son ouvrage: « L'évolution de la Prostitution » dit:

« Parmi les peuples de l'antiquité, seuls les
« Juifs qui étaient monothéistes, furent toujours
« opposés à la débauche. Ils n'adoptaient la
« prostitution religieuse que quand ils versaient
« dans l'idolatrie et notamment dans le culte
« de Baal. »

Nous avons démontré, en commençant, que la prostitution est née de l'esclavage. (*)

Les Juifs ont apprécié, de bonne heure, que la dignité, la liberté et l'indépendance sont au nombre des possessions les plus précieuses de

-----

* V. Chap. I, page 15.

l'homme; et le « Zoar » proclame: « La Liberté est le sceau de l'avenir. »

Il y a une chose remarquable qui prouve que les Hébreux étaient loin de partager le mépris que l'on témoignait ailleurs aux esclaves: c'est qu'il n'y a pas, dans la langue hébraïque un mot spécial, propre à désigner l'esclave. Le mot « Eved » ne répond nullement au mot « esclave » ou au « doulos » des Grecs ou au « servus » des Latins. Le mot « eved » signifie: travailleur, serviteur, si l'on veut, mais sans la moindre nuance de mépris. C'est ainsi que les sujets d'un roi sont ses « serviteurs; » les prophètes et justes sont fiers de s'appeler « serviteurs de Dieu ».

Il y a là un indice d'une valeur incontestable.

— ⚬✕●✕⚬ —

—

Conséquences morales de la Prostitution.

CHAPITRE PREMIER

—

Retour à l'honnêteté

Une vendeuse d'amour peut-elle revenir à une vie honnête ?

Les médecins spécialistes considèrent la prostitution comme une maladie morale passagère dont la moitié des patientes guérissent, si non complètement, du moins assez pour ne plus constituer un danger social.

Un auteur a dit à l'égard de ces femmes :

« Je connais de ces oiseaux légers qui sont
« devenus d'honnêtes mères de famille et d'ex-
« cellentes épouses, d'autant supérieures aux
« autres peut-être, que leur expérience a été
« achetée au prix des désillusions et que leur
« vie timultueuse de jeunesse leur a appris à
« apprécier une existence calme et sans soucis. »

CHAPITRE II.

—

FIN DE LA PROSTITUÉE.

Qu'elle est la fin de la prostituée ?

Un médecin assurait que les prostituées **ne** peuvent vivre plus de 10 ans, maximum 15 ans, de leur vie de misères et de débauches !

Après quelques années passées dans l'oisiveté, un certain nombre d'entre elles, il est vrai, prennent en dégoût la vie crapuleuse qu'elles mènent. Elles voudraient revenir à une existence plus calme, plus rangée; mais, la misère les enchaîne et paralyse ces bons sentiments.

Quelques unes, en très petit nombre, que le repentir a touchées, entrent dans des maisons religieuses de refuge. (Fallait-il descendre si bas pour atteindre cette hauteur !) Elles y font pénitence et s'y livrent à un travail assidu et aux pratiques religieuses les plus sevères. C'est ce qui a fait dire à un auteur : « Au fonds de toutes les prostituées se trouve une sœur de charité. » Dans ces maisons, elles n'aspirent plus qu'à mourir pour racheter les fautes de leur jeunesse.

L'hôpital ou la prison, voilà, en fin de compte, la solution dernière du plus grand nombre de ces existences vouées à la paresse et à l'infamie.

CONCLUSIONS

—

DEVOIRS DE LA SOCIÉTÉ
POUR LUTTER CONTRE LA PROSTITUTION

Nous pouvons espérer que de sages mesures amèneront la diminution de la prostitution; et, ce serait un grand bienfait.

Les économistes déplorent le grand nombre de célibataires dans les sociétés civilisées. Si le nombre en diminuait, la clientèle de la prostitution deviendrait moindre.

Selon le professeur Louis Franck, féministe assez connu, on compte en Europe sur 100 habitants 22 femmes de l'âge nubile; parmi ces 22, il y en a 12 qui n'ont pas de mari.

La pratique des fiançailles, dès la jeunesse et longtemps prolongées, offre une certaine garantie. Le jeune promis a moins de tendance à courir.

L'obstacle le plus important, nous devons le convenir, est dans la difficulté, toujours croissante, à gagner sa vie.

On se plaît à dire que les prostituées ne sauraient prétendre à la liberté individuelle; elles ont abdiqué leur prérogative! mais, ces malheureuses femmes sont elles donc seules à blâmer, à punir, lorsque les hommes, leurs complices, les portent à commettre ces faits? Ce serait une injustice, une profanation des droits sacrés de l'individu.

Les hommes qui aident les femmes à outrager la décence publique sont autant, si non plus, à blâmer qu'elles.

« L'instinct sexuel, dit Bouddah, est plus
« aigu que le croc avec lequel on dompte les
« éléphants sauvages; plus ardent que la flam-
« me; il est comme un dard enfoncé dans
« l'esprit de l'homme. C'est cet instinct qu'il
« faut tâcher de vaincre en premier lieu. »

Convenons aussi que les affections des prostituées émanent d'hommes malades.

La Conférence de Londres, dont je vous ai parlé, parmi les recommandations impor-

tantes qu'elle prescrit, souhaite « **le développement de l'éducation, aussi bien physique que
morale, des garçons; en considération du fait que
la prostitution semble moins générale dans les
pays où les garçons reçoivent une éducation
physique.** »

Au lieu de mépris, c'est de la reconnaissance que le genre humain doit aux malheureuses qui souffrent pour la cause de notre
nature sexuelle. En le faisant, il est vrai, elles
se sont avilies, elles ont souvent perdu toute
affection pour l'humanité qui les traite plus
mal que des chiens; elles ont miné leur constitution par l'intempérance, elles ont été con-
sumées par toutes les mauvaises passions, elles
ont fait tout cela et pis encore; mais qui donc
est à blâmer ?

Ce ne sont pas elles, victimes infortunées de
nos difficultés sexuelles ! Non, c'est plutôt
nous, leurs semblables qui, par notre dureté
et notre négligence, les avons laissées tomber
si bas. Aussi, avons nous souffert et souffri-
rons nous encore de leur avilissement, si nous
ne cherchons pas à mettre une barrière au
mal.

Ce mal ne naît et ne grandit que par la souffrance et la misére. Nous l'avons démontré assez clairement. Ayons donc le courage de le regarder carrément en face; et admettons les faits incontestables. C'est de cette façon seulement qu'il nous sera possible d'en reconnaître les origines et de découvrir les plus puissants moyens de les détruire.

Nous devons combattre et vaincre tout ce qui est vil, tout ce qui est ignoble, tout ce qui entrave la grandeur de l'homme. Si nous ne pouvons pas facilement agir sur la génération actuelle,—dont l'éducation est faussée— nous pouvons tout sur l'enfant auquel nous devons inculquer des leçons de morale. Si nous ne pouvons arrêter l'invasion, épurer ce qui est souillé, du moins tâchons de préserver de la corruption ce qui est pur, de la gangrène les parties encore saines du corps social.

Rome ne fut pas bâtie en un jour !

Nous formerons ainsi une jeune génération où les sentiments de pureté et d'honneur seront assez développés pour que l'ignoble métier ne trouve plus d'adeptes.

Au lieu de les négliger, de les outrager —la réglementation de la prostitution n'a pour les filles publiques que des sévérités — il faut nous intéresser à ces malheureuses femmes, je dirai plus, les respecter.

Sous ce rapport, j'ai le bonheur de me trouver en communauté de sentiments et d'opinions avec Alfred Assollant, l'écrivain alerte (1827-1886) qui, dans son ouvrage. « Le Droit des femmes » dit:

« Tout abaissées et avilies qu'elles sont, ces
« malheureuses femmes sont encore des créa-
« tures humaines, dignes de compassion et
« même de sympathies; elles ont été autrefois
« dignes de respect; elles pourraiet revenir à
« la vertu et se relever à leurs propres yeux,
« si non à ceux des hommes.

« Dites d'une prostituée tout ce qu'il vous
« plaira, montrez-la méprisable et méprisée,
« dites qu'elle s'est vendue à toute la terre,
« qu'elle a fait l'opprobre de son père, de sa
« mère, de son mari, de ses enfants; dites
« qu'elle n'a plus ni sens moral, ni cœur, ni
« âme; tout cela peut être vrai; mais c'est

« encore une femme. Elle a roulé de chute
« en chute jusqu'au fond de l'abîme; mais elle
« est libre encore: et, ne relève que de sa
« conscience et du droit commun. »

Les bons sentiments ne sont jamais éteints
dans aucune âme humaine, quelque dégradée
qu'elle puisse être; mais il faut savoir les ré-
veiller.

C'est le traitement de la société qui a rendu
ces femmes si dégradées ! L'éducation forme
la mentalité; et la mentalité fait les mœurs.

Pour prévenir la prostitution, il faut chercher
par tous les moyens, par une éducation diffé-
rente, à mettre la femme à même de gagner
sa vie, à la rendre indépendante.

« Celui qui ne travaille pas dépend de la
« charité: il n'a pas de droits; souvent il est
« méprisé; il est livré, pieds et poings liés,
« à ceux qui veulent bien ne pas le laisser
« mourir de faim, conclue le Dr André de
« Maday dans son étude sociologique: *Le droit
« des femmes au travail.* »

« Nous en pouvons dire autant de la femme,
« ajoute-t-il. Le travail, jadis cause de son

« assujettissement, est devenu la source de
« sa liberté même. *Autrefois, c'était le travail*
« *qui l'enchaînait à son domicile* et qui, par
« là même l'assujettissait étroitement au
« père de famille, au mari. *Aujourd'hui,* le
« travail l'éloigue du domicile! et, *elle n'est*
« *enchaînée à la maison que si elle n'a pas*
« *de travail.* Dans ce cas, elle ne peut être
« libre, indépendante. Elle est livrée à ceux
« qui la nourrissent, qui l'entretiennet; à son
« père, à son mari, à quelque autre de ses pro-
« ches. Si elle n'a personne, *elle doit se pro-*
« *curer quelqu'un,* par le mariage ou par la
« prostitution, *n'importe! La femme qui n'a*
« *ni profession, ni fortune, est obligée de se*
« *vendre.*

« La jeune fille, si elle a une profession, une
» occupation, ne sera plus contrainte, pour
« vivre, de se livrer au premier épouseur ve-
« nu, ni de se jeter dans les bras du vice.

« La femme asujettie et sans travail est un
« double entrave à la civilisation. D'abord parce
« qu'elle est un parasite, vivant aux dépens
« de l'homme; ensuite parce que, faute d'ins-

« truction et d'expérience son esprit restera
« borné, parce qu'elle ne comprendra pas la
« marche du temps, parce qu'elle se laissera
« conduire par ses sentiments qui la rattachent
« au passé.

« C'est donc l'**émancipation** que les amis
« du progrès doivent inscrire sur leur dra-
« peau. Brisons les chaînes par lesquelles une
« époque de ténèbres avait rendu la femme
« esclave ! Débarrassons la femme de l'homme
« sur le terrain économique pour qu'ils puis-
« sent s'unir dans la civilisation. »

Là réside la vraie et réelle solution de ce problème.

Le lutte sera longue et difficile.

Ceux qui travaillent à cette réforme doivent
y mettre une persévérance à toute épreuve.
Ils ont aussi besoin de l'encouragement de
toutes les énergies. Il faut dans cette œuvre
la coopération unanime de tous. La question
intéressant toute la société, tous ses membres
ont le devoir, et des plus impérieux, d'unir
leurs efforts pour soutenir cette lutte.

Dans cette conception. à l'œuvre donc, tous ceux qui comprennent bien le devoir social.

A l'œuvre donc, tous ceux qui s'appliquent à le remplir consciencieusement, en propageant les idées sublimes et salutaires de

LIBERTÉ   EGALITÉ   FRATERNITÉ

APPENDICE

—

Remerciements

J' accomplis un devoir, et non des moins agréables, d'exprimer ici mes confraternels remerciements à la presse pour l'accueil chaleureux qu'elle a bien voulu faire à cette publication et pour les paroles flatteuses qu'elle lui a consacrées.

Je remercie particulièrement le « **the Jewish Chronicle**» de Londres; « **Il Vessillo Israelitico,** » de Turin; « **La Settimana Israelitica,** » de Florence; l' « **America** » de New-York; l' « **El Telegrafo** » *et le* « **Levant Herald** » de Constantinople, *dont les articles élogieux consacrés à cette étude sont un gage de l' intérêt qu'ils portent à l'œuvre éminemment humanitaire poursuivie par la* « **the Jewish Association for the Protection of Girls and Women.** » *Du res-*

te, le **Levant Herald** *n'a jamais cessé, depuis sa fondation, qui date de 1856, de s'appliquer à la lutte contre la traite des blanches. Par la plume autorisée de son éminent directeur le Dr Lewis Mizzi, ce journal s'est toujours montré un vaillant défenseur de cette cause belle entre les belles.*

V. L.

Naples, Octobre 1912.

ŒUVRES RECOMMANDÉES

—

THE JEWISH ASSOCIATION FOR THE
PROTECTION OF GIRLS AND WOMEN
39, Upper Baker str.   Londres N, W.

ALLIANCE ISRAÉLITE UNIVERSELLE
45, Rue La Bruyère   Paris

ŒUVRE DE RELÈVEMENT DES PROSTITUÉES
Mme De Witt Schlumberger
14, rue Pierre-Charron   Paris

PROTECTION DE LA JEUNE FILLE
Mlle S. Monod
5, Rue des Batignolles   Paris

SOCIETA DI BENEFICENCIA ISRAELITICA
M. Aghion Jacques Is. Président   Alexandrie

L'AMICALE — Association des Anciens Elèves
de l'Alliance Is. Un.   Constantinople

ORPHELINAT ISRAÉLITE   à Chicheli   Constantinople

HÔPITAL NATIONAL ISRAÉLITE
Or-Ahaïm à Balata   Constantinople

ECOLE « SEROR AHAIM » à Hasskeuy   Constantinople

SOCIÉTÉ « AAVATH AHIM » à Galata   Constantinople

HÔPITAL GÉNÉRAL Misgab - Ladach Jerusalem

TABLE ALPHABÉTIQUE
DES ANNONCES

—

TABLE DES MATIÈRES

—

www.ingramcontent.com/pod-product-compliance
Lightning Source LLC
LaVergne TN
LVHW021844170726
843503LV00003B/1058